すいすい離乳食

熊谷 しのぶ

北海道新聞社

手間だけ抜いて愛情抜かない特急レシピ本です。

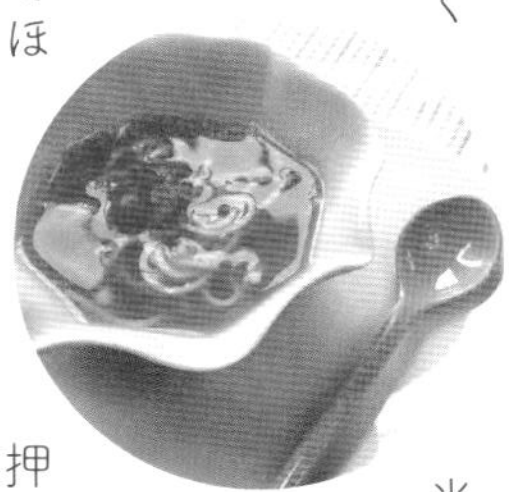

コトコト煮込まれた料理を口にした時の満足感は何にも代えがたいものです。梅仕事、みそ仕事などが見直されているように、手間暇を惜しまず作られた食事は幸福感を与えてくれるものですね。

「人生初めてのごはん」である離乳食も「特別枠として考えてほしい」とママたちにお伝えしています。パパッと作り置きできるとか冷凍保存の方法といった作る側の効率を重視するばかりでは、少々味気ないものになるのではないでしょうか。

一方で、最近は共働きの家庭が増え、時短レシピを求める切実な声を聞くのも事実です。5歳と7歳の子どもを育てる私も、時短という響きは大好物♪です。忙しいパパママたちの右腕となれるような離乳食のレシピ本を作りたい——。本書は、そんな強い思いから生まれました。産後の体は全治8カ月ほどのダメージに相当するとも言われます。ママたちにはできるだけ無理をしてほしくない、離乳食作りはポイントだけ押さえて少しでもラクをしてほしい、という応援の気持ちもたっぷり込めています。

すぃすぃつくることができて食材の栄養が満点に引き出されたもの。とにかく食いつきがいい！ 器をつかんで離さない！ 赤ちゃんが手足をパタパタさせてお代わりを求める。そんな場面を思い浮かべながら作りました。

日々の食卓での発見をこの本にどんどん書き込んで、お子さんのためのオリジナルの一冊にしていただけたら幸せです。

About：本書の構成

ラクチンなごはんメニューありますよ〜

疲れすぎてキッチンに立つ気力もない平日の夜から、オーブンの中でケーキが膨らむのをワクワクして待つ休日のお楽しみタイムまで。ママのココロの支えになる48のレシピをご賞味あれ。

I

らくらくレシピ

お母さんの心と体の充電はもう数パーセント……(疲)、残ったわずかな力でもできる特急レシピ。

工程は三つ以内、作ってすぐに食べさせることができる脳内に記憶されやすい超簡単なレシピ。

II

ゆるゆるレシピ

リズムよく作れる普段の時短レシピ。

冷蔵庫で数分間固めたり、電子レンジで膨らませたり、フードプロセッサーに助けてもらったり。家電の力も大いに借りて、すぃすぃ作っちゃおう！

III

にこにこレシピ

ほんのちょっぴりの工夫で子どもの心をわしづかみに！　赤ちゃんもきっとニコニコ！

お母さんの気持ちにちょっと余裕があるときにトライしてみて♪

NikoNiko

V

ときどきレシピ

日常のバタバタを救ってくれる作り置きできるレシピ。

赤ちゃんが「おなかすいたー」の時も、軽く電子レンジでチンして「ハイ、どうぞ」。オーブンで焼いたり、コトコト煮たり……家族みんなで楽しいね♪

TokiDoki

IV

わくわくレシピ

特別な日に出しても食卓でキラリ★と決まるレシピ。食材の意外な組み合わせや彩り、香りも楽しんで。食べることに慣れてきた赤ちゃんのステージアップに、ちょっと頑張ってみようかな♪というときにも。

WakuWaku

VI

ぴかぴかアイテム

赤ちゃんの口に入るものは、なるべく安全で安心できる素材を選びたい。

そこで、信頼できる道内外の企業のピカッと光るアイテムをご紹介。知ってて便利、使ってうれしい一品です☆

PikaPika

離乳食は子どもへの
真剣な「愛」なのです。

「離乳食っていったい何なんだろ……」。離乳食ランチ会に参加していたママさんがぼそっとつぶやきました。ママさんは本当に分からなかったのではなく、離乳食自体が未知の世界すぎて戸惑っているのだと直感しました。

そうですよね。毎日の家族の食事の支度や初めての育児だけでも大変なのに、さらにはじめての離乳食作り。大切なわが子の栄養となるごはんを自分で作るなんて。私も長男の離乳食スタート時、とても緊張したことを覚えています。

「人間の体は食べたものでできている」。それを理解しているから、きちんと作ってあげたいと真剣になる。離乳食は子どもへの真剣な「愛」なのです。

離乳食とは、約1年くらいの期間の赤ちゃんのための食事です。成長に伴い、母乳やミルクだけでは栄養が足りなくなってくるので、それを補助するためのもの。とはいえ、胃腸や免疫機能は未発達ですから、固形物は飲み込めるようにし、食物の酵素に負けてしまわないよう加熱調理が必要なものも。それは手間がかかりますよね。

産後間もないお母さん、どうか無理せずコツをつかんでくださいね。基本的な進め方は記載しますが、あくまでも目安と考えてください。

さて、離乳食の極意をいくつかお伝えします。

●離乳食はママが先に食べて。

お子さんはママのことがだーいすきなので、何でもまねします。だから離乳食はママが先に食べて。そして名女優になった気持ちで「わぁあ、これおいしい！」とテンション高めに食レポしながらどんどん食べて、「あ、〇〇ちゃんも食べるー？」と誘ってみて。そして、一口でも食べられたら「すごいっ！」と大きく頷き、手を叩いてほめてあげてください。

●栄養たっぷりの母乳は自信をもって与えましょう。

赤ちゃんは「あーおなかすいたな、せっかくだから離乳食先に食べてからちょろっと母乳かな」なんて調整ができません（笑）。抱っこをして飲み慣れた母乳を飲ませ、不安を軽くする。そのあとに離乳食でOKです。ミルクのお子さんは、先に離乳食を与えてください。

●お母さんは食卓の演出家。

毎日同じテーブル、同じ景色では飽きちゃいます。たまに席替えしたり、別の部屋やベランダなどでいつものごはんを食べさせるのもいいですよ。

●ごはんは1食20分から30分と決め、明るいBGMをかけてみて。

1歳になったらテーブルにかわいい時計を置き、長い針がここまできたらごちそうさましようね♡と伝えましょう。遊び食べをしている時も、時間になったらパッと下げてしまいます。もちろん笑顔を忘れずに♪

●離乳食は水分を多く含み菌が繁殖しやすいので、保存には細心の注意を。

冷蔵庫内を清潔にして、設定温度は季節ごとに調整しましょう。

もくじ

Contents

V ときどきレシピ

VI ぴかぴかアイテム

KUMA's Care

常備したい時短アイテム

- □ フードプロセッサーや ブレンダー
- □ 目の細かいザル(数個)
- □ マッシャー(大と小)
- □ おろし器、千切り器

- □ 急ぐ時にキーンと冷やしてくれる冷凍庫の空きスペース
- □ ハンディファン(作りたての離乳食の粗熱を素早く取ってくれる)

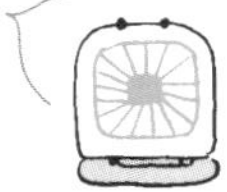

- □ 軽い片手鍋と鍋のフタ
- □ 電子レンジ
- □ 片手でもみもみ混ぜられるポリ袋

調味料などの分量表示は以下の通りです。

- □ 1カップ=200cc
- □ 大さじ1=15cc
- □ 小さじ1=5cc

電子レンジの出力は600Wを基準にしています。

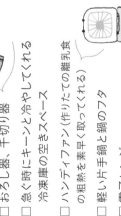

気をつけて KUMA's Care

#00 これだけは知っておきたい 気をつけたい

キッチンに立つ前に

●味覚形成期のお子さんには果物単体の甘さは少々強すぎます。

パンケーキの生地などに混ぜて薄めるような気持ちで使いましょう。野菜同様、果物の酵素も赤ちゃんの体には心配なものもあるので、最初に与えるときは加熱して。

●ベーキングパウダーはアルミフリーのものを。

●ごはんは早炊きモードでOK。

1歳未満のお子さんには、米1合に対して水分量を1.5〜2.5合の目盛りまで入れて。個人差はありますが、大人の指でつぶれるくらいの柔らかさなら、歯がなくても食べられます。「おかゆを食べない」とお悩みのお母さん、本書のごはんレシピのように、水分量を減らしてもちもちにして炊いてみて（大人のやわらかごはんぐらいの硬さ）。

【ごはんの硬さの目安】

レベル 1	とろとろ
10倍がゆなど、すりつぶしてとろっとさせたもの	
レベル 3	どろどろ
レベル 5〜7	もちもち（軟飯）
レベル 9〜10	大人ご飯

●アガーは海藻を原料とする粉寒天の一種です。

一般的な粉寒天とは海藻の種類が違い、やわらかくふるふるっとした食感が赤ちゃん好み。食物繊維が取れるので便秘予防にも。液体とアガーをよく混ぜ、沸騰させると反応します。※丸飲み注意！細かく崩して与えましょう。

●野菜も果物も、時期や種類によって酸味も甘みも全然違います。

びっくりさせるような熱さや酸味は赤ちゃんにはNG。それがきっかけで食べるのが怖くなる子もいます。離乳食に関してはレシピ本の味付けがすべてではありません。調味料を加える時にはお母さんが必ず味の確認を。

らくらく
レシピ

I

Raku
Raku
Recipe

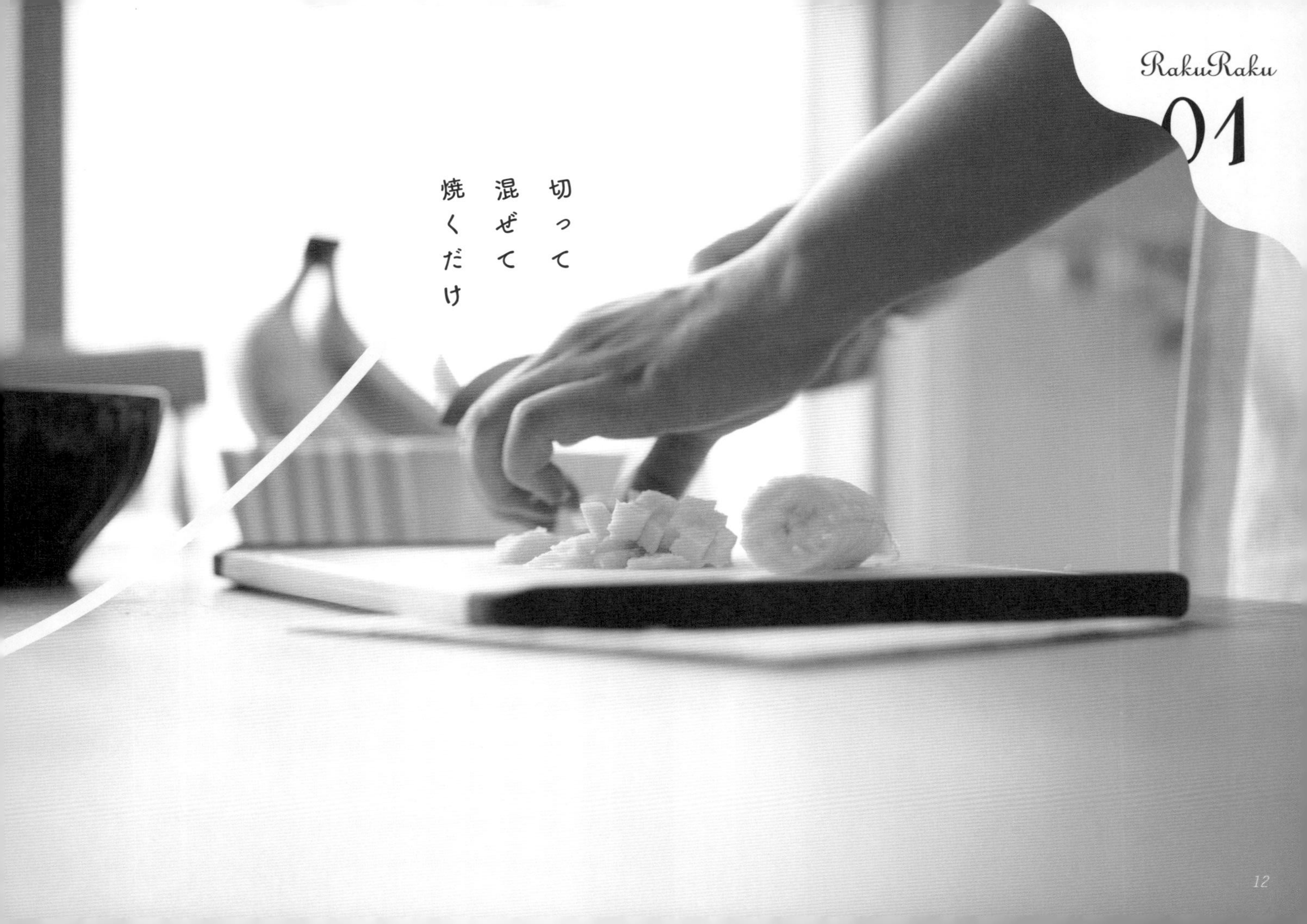

RakuRaku 01

切って
混ぜて
焼くだけ

Hashed banana

ハッシュドバナナ

保存期間：生地は冷蔵で2日 ｜ 対象月齢：9ヵ月～

そのまま与えてしまいがちなバナナですが、甘さが強いので、お豆腐で味を薄めて。ポリ袋の中でつぶしても◎

材　料（直径3～4cmで6枚分）

バナナ…大さじ3（30g）
絹ごし豆腐…大さじ2
片栗粉…大さじ2

作り方

①バナナを厚さ5mm～1cmくらいに粗く切る。
②絹ごし豆腐、片栗粉を①と混ぜ、油（分量外）をひいたフライパンでフタをして両面を焼く。

Memo　1歳を過ぎたらカッテージチーズを加えて焼くとカルシウムも取れる。バターを使うとコクが出てさらにおいしく♡

RakuRaku Recipe 02
らくらくレシピ

卵も
牛乳も
使わない

French toast

シトラスフレンチトースト

保存期間：焼いたものは冷蔵で2日 | 対象月齢：9カ月～

フレンチトーストというと、卵を溶いて砂糖と牛乳を混ぜ、パンに浸み込ませて……と案外時間がかかるもの。でも米粉パンなら浸け液の吸収が早く、アレルギーの心配も少ない。フルーツで香りをプラスすると食欲もさらにアップ！

材　料（3～4回分）

米粉パン…1枚　無調整豆乳…1/4カップ
砂糖…ふたつまみ（米粉パンに甘みがあるものの場合、砂糖は少しでOK）
オレンジの絞り汁（果肉が入ってもOK）…大さじ1

作り方

①平たい容器やバットなどにパン以外の材料を入れて混ぜる。
②1cmほどの厚さに切ったパンを①に浸す（両面とも）。
③油（分量外）をひき、フライパンで焼き色がつくまで焼く（弱～中火）。

RakuRaku Recipe 03
らくらくレシピ

手のかかるじゃがいも調理もスイスイ♪

Potato salad

3分ポテトサラダ

保存期間：冷蔵で2日 ｜ 対象月齢：7カ月〜

モソモソした食感が気になるじゃがいもマッシュを、きゅうりとリンゴの水分でしっとり舌触りにチェンジ。ビタミンCをきちんと取れるサラダです。

この3人組を加えると大人の味に変化します!!
マヨネーズ
塩
コショウ

材　料（1〜2回分）

じゃがいも…50ｇ
きゅうり、リンゴ（すりおろし）…各大さじ1〜2

作り方

①じゃがいもは皮をむき、5㎜〜1㎝角に切り水にさらす。水を切り、耐熱ボウルに入れふわっとラップをして電子レンジで1分加熱し、熱いうちにつぶす。
②すりおろしたきゅうりを①にのせ、混ぜずにラップをして電子レンジで10秒加熱する。
③食べさせる直前にリンゴのすりおろしを加え混ぜて完成。

Memo

7〜8カ月のお子さんには、リンゴのすりおろしを②で加え、きゅうりと一緒に加熱する（生の果物には酵素があるため）。残ったら、マヨネーズと塩コショウを加え混ぜて大人のポテトサラダに。

らくらくレシピ
RakuRaku Recipe 04

たんぱく質も取れて一石二鳥☆

Pumpkin paste

かぼちゃのなめらかペースト

保存期間：冷蔵で3日 ｜ 対象月齢：7ヵ月〜

モソモソしがちないも類、かぼちゃなどの食感は、子どもはあまり好みません。でも豆腐を混ぜると驚くほどなめらかに。出来上がったペーストは、キッズや大人の味噌汁にポンと入れて溶きながらいただくのも新感覚で◎。

材　料（2〜3回分）

かぼちゃ…60ｇ　絹ごし豆腐…大さじ2　油…小さじ1/3

作り方

①かぼちゃの皮を薄くむいてから5㎜角くらいに切り、さっと洗って水気をきる。

②豆腐と一緒に耐熱ボウルに入れ、ふわっとラップをかけて電子レンジで1分加熱する。

③油を加え、大きめのスプーンの背などでなめらかになるまでつぶす。（ポリ袋に入れてもんでもＯＫ）

Memo

かぼちゃは皮や種のまわりの栄養価が高いので、皮は薄くむき、ワタも一緒にゆでて使うとさらによい。脂溶性ビタミンを含むかぼちゃは、油と一緒に調理するとよい。

この4人組を加えると
大人の味に!!
マヨネーズ
コショウ
クリームチーズ
塩

RakuRaku Recipe 05

らくらくレシピ

すりおろし器と仲良くなってササッと

Pancake

野菜すりおろしパンケーキ

保存期間：生地は冷蔵で2日・焼いたものは冷凍で1週間｜対象月齢：9ヵ月～

簡単で野菜の栄養がしっかり取れるパンケーキ。栄養価もうまみも豊富な皮やワタ部分を取り入れて。

材　料（4～5cmのミニパンケーキ8枚分）

にんじん、かぼちゃのすりおろし…合わせて20g（大さじ1～2）

【A】米粉（または小麦粉）…50g

ベーキングパウダー…3g　砂糖…3～5g

無調整豆乳…70～80cc

作り方

①ボウルに生のにんじんとかぼちゃをすりおろし、Aを加えて混ぜる。

②油（分量外）をひいたフライパンに①をカレースプーン1杯分くらい落とし、中火で片面30秒ずつ焼く。

Memo

にんじんなどの野菜の皮は栄養価が高いので、丸めたアルミホイルなどでサッとこすって洗い、皮ごと使う。豆乳の量を加減し、パンケーキ生地くらいのとろんとしたやわらかさに仕上げる。

RakuRaku《らくらくレシピ》 Recipe 06

あっという間に♡《ハート》をつかめる一品

Vegetables and Soup

かわいい煮物。そしてスープ。

保存期間：冷蔵で3日 ｜ 対象月齢：8ヵ月～

だしでコトコト煮るだけで最高のうま味が出ます。細く持ちやすい長さに切ったり、かわいい形に型抜きしたり。玉ねぎを加えることで野菜に甘みが加わります。

材　料（3～4回分）

【A】大根、にんじん（3mmの薄さに切ったもの）、
玉ねぎ（小さめの乱切りにしたもの）…各20g
昆布だし…2カップ

砂糖、しょうゆ…各小さじ1/2

片栗粉…大さじ1/2

作り方

①小鍋にAを入れ、フタをして弱～中火にかける。大根とにんじんが大人の指でつぶせるくらいにやわらかくなったら取り出し、型抜きする。

②①で残った野菜と玉ねぎをみじん切りにし、小鍋に戻す。

③再び中火にかけ、軽く沸騰したら火を止め、砂糖、しょうゆを入れる。水大さじ2で溶いた片栗粉を鍋に入れ、とろみをつける。

Memo 型抜いた後の野菜や玉ねぎは刻んでみそ汁やスープに。栄養とうま味が満タンのおだしも使い回せる。

RakuRaku Recipe 07

らくらくレシピ

親子で元気をチャージ

Tofu soup

ほうれん草と豆腐のすまし汁

保存期間：冷蔵で3日 ｜ 対象月齢：9ヵ月～

鉄分を多く含むほうれん草はしっかり下ゆでして。産後のお母さんも積極的に取ってほしい食材です。

材　料（2～3回分）

ほうれん草（葉・生）…12ｇ

かつお昆布だし…1カップ

麩…1回に1個（2ｇ）　絹ごし豆腐…30ｇ

塩…ひとつまみ　しょうゆ…小さじ1　砂糖…小さじ1/3

作り方

①麩は水で戻し絞っておく。

②ほうれん草は熱湯でやわらかくなるまでゆでて水にさらし、よく絞ってからみじん切りにする。

③小鍋にかつお昆布だしを入れ、5㎜角に切った麩と豆腐、②を加える。軽く沸騰したら調味料を入れる。

Memo

子どもにとって「熱さ＝痛さ」。豆腐の中まで冷めているかを確かめてから食べさせて。麩は汁気を吸うので1回ごとに食べ切る。

らくらくレシピ
RakuRaku Recipe 08

シャキシャキ すっきり

Vegetable salad

なます風さっぱり和え

保存期間：冷蔵で3日 ｜ 対象月齢：1歳〜

大人がさっぱりしたサラダや酢の物を食べたくなるように、子どもも口の中が爽やかになるものを好みます。広げて盛りつけ、手でつまんで召し上がれ♪

材　料（3～4回分）

にんじん、大根…各20ｇ
細切り昆布、塩、砂糖…各ひとつまみ
オレンジ（またはミカン）の果肉…大さじ3（＋その果汁大さじ1）

作り方

① 千切りにしたにんじんと大根、細切り昆布をボウルに入れ、塩をふってもむ。軽く水洗いして絞り、砂糖を加えて混ぜる。
② 5㎜くらいにほぐしたオレンジの果肉と果汁を加えて和える。子どもが自分の手でつかんで食べられるよう器に広げて盛りつける。

Memo　味覚形成期の子どもは舌がとても敏感なので、酸味が強すぎる柑橘類は避ける。大人が味見をしてから与える。

RakuRaku Recipe 09
らくらくレシピ

子どもが喜ぶ
とろ〜り食感

Tofu cream

とうふクリーム

保存期間：冷蔵で2日 ｜ 対象月齢：8ヵ月〜

毎日食べてほしいごはんも、食感に変化をつけることで食べ続けてくれるもの。うどんにかけたり、9カ月以降はみそを加えて他の食材と和えたりと、アレンジが効きます。

材　料（4〜5回分）

絹ごし豆腐…1/2丁（150ｇ）
赤パプリカ（すりおろし）…大さじ3（約1/6個分）
（黄パプリカ、市販の野菜ピューレでも可）
青のり…小さじ1

作り方

①耐熱ボウルにキッチンペーパーを敷く。絹ごし豆腐をのせてふわっとラップをし、電子レンジで1分加熱する。ペーパーを外してボウルに戻す。
②赤パプリカの皮面を持ち、果肉をすりおろす。（ケガに注意）
③②の果肉と果汁を①に加え、泡だて器またはフードプロセッサーでよく混ぜる。冷めたら仕上げに青のりをかける。

らくらくレシピ
RakuRaku Recipe 10

にんにくで
うまみと
免疫力アップ♪

3大アレルギー食材を含む
牛乳

Carot risotto

ミルク香るキャロットリゾット

保存期間：冷蔵で2日・冷凍で1週間 ｜ 対象月齢：9カ月～

牛乳は加熱しても栄養価の損失が少ないので、大人用のごはんを炊く時も、炊飯器に入れて一緒に炊き込んでみて。

材　料（作りやすい分量）

米…1合　にんじん（すりおろし）…大さじ3
にんにく（生、すりおろし）…小さじ1/5
油…小さじ1/3　低脂肪牛乳…大さじ2～3

作り方

①米を洗って浸水させ、水気を切る。
②①と他の材料を全て炊飯器に入れ、水または昆布だしを月齢に合わせた目盛りまで入れて混ぜ、炊飯する。（1歳未満は2.5合、1歳～1歳半は2合の目盛りまで水を加える）

Memo
にんにくやしょうがなど香りの強いものは1歳くらいからだが、少量なら食欲アップの効果が期待できる。

RakuRaku Recipe 11

らくらくレシピ

炊飯器に入れて炊くだけ

Tofu rice

おからと豆腐が入ったふわふわ大根めし

保存期間：冷蔵で2日・冷凍で1週間 ｜ 対象月齢：9ヵ月～

不足しがちな食物繊維が豊富なおからを食べやすく。
ふわっと香るしょうがは体を温め、免疫力アップにも。

ボール状にしておくと
つかみ食べしやすいですよ

材　料（作りやすい分量）

米…1合　絹ごし豆腐…大さじ3
おから（生）…大さじ2
大根（すりおろし）…大さじ3（汁も含めて）
顆粒だし…小さじ1/2
しょうが（生、すりおろし）…小さじ1/3　油…小さじ1/2

作り方

①米を洗って浸水させ、水気を切る。
②①に豆腐を手で細かくくずして加え、残りの材料も全て入れて月齢に合わせた目盛りまで水を注ぎ炊飯する。（1歳未満は2.5合、1歳～1歳半は2合の目盛りまで水を加える）

Memo にんにくやしょうがなど香りの強いものは1歳くらいからだが、少量なら食欲アップの効果が期待できる。

らくらくレシピ
RakuRaku Recipe 12

プラス高野豆腐でカルシウム強化！

3大アレルギー食材を含む 牛乳

Tomato risotto

トマトミルクリゾット

保存期間：冷蔵で2日・冷凍で1週間 ｜ 対象月齢：9カ月～

水を吸わせて煮るとモサモサした食感になりがちな高野豆腐は、すりおろせば手軽にカルシウムが取れます。粉末タイプもありますよ♪

高野豆腐です
実はカルシウムが豊富です

材　料（作りやすい分量）

米…1合
カットトマト缶（または無塩トマトジュース）…大さじ3
高野豆腐（すりおろしたもの）…大さじ2
低脂肪牛乳…大さじ2～3

作り方

①米を洗って浸水させ、水気を切る。
②①に残りの材料を入れ、水または昆布だしを月齢に合わせた目盛りまで注ぎ混ぜ、炊飯する。（1歳未満は2.5合、1歳～1歳半は2合の目盛りまで水を加える）

Memo
乳製品は9カ月を過ぎてから与える。写真のようにカッテージチーズ（裏ごしタイプ）を加えてもよい。

RakuRaku Recipe 13
らくらくレシピ

のりの風味に
夢中になる…
かも♡

Salmon rice ////////////

まるで鮭おにぎり♪な、ごはん

保存期間：冷蔵で2日 ｜ 対象月齢：9ヵ月〜

ピクニックに行きました。家族は鮭おにぎり、赤ちゃんは…
このごはん。あれ、おなじ味だね♪うれしいね♡

材　料（作りやすい分量）

米…1合
生鮭…80ｇ
焼きのり…1枚
しょうゆ…小さじ1/2

作り方

①米を洗って浸水させ、水気を切る。
②①と一口大に切った生鮭、ちぎった焼きのり、しょうゆを炊飯器に入れ、水を月齢に合わせた目盛りまで入れて炊飯する（1歳未満は2.5合、1歳〜1歳半は2合の目盛りまで水を加える）。炊き上がったら、骨や皮を取り除きながらよく混ぜる。

気をつけて KUMA's Care

#01 「食べるって楽しい♪」お手本はお母さん

離乳食の進め方

まずは生後3カ月ごろから家族の食べている様子を見せます。これが大事な「よだれ誘発期」です。すると自然に「ちょーだい」という仕草やよだれが出てくるのが見られることがあります。5カ月になっても食べそうになく、体重の増え方に問題がなければ、離乳食スタートは6カ月でもOKです。

●飲み込む練習

はじめの1週間はすりつぶしてとろとろにして与えます。その後は大人の人差し指と親指で簡単につぶせるくらいの硬さに。

●生後5〜6カ月

1日1回の離乳食でOK。吐き出してしまっても、嫌いなんだと思わず、とにかくママが一緒に食べて、お手本を見せて盛り上げましょう。この時期がとても大切で、完食できたという達成感を与えるために量を盛りすぎないように。

●7〜8カ月

1日2回を目安に。出来上がりは指で簡単につぶせる硬さ。自分でつかんで口に運ぶ練習をさせます。こぼしてもいいようにテーブルの下に新聞紙を敷き、大きなお皿に小さくカットした離乳食を広げて置きます。

●9〜11カ月

1日3回を目安に。子どもの歯ぐきでつぶせるくらいの硬さに。この時期は、早食べや丸飲みの危険があります。ゆっくり噛む様子をママが食べて見せてあげましょう。スプーンやフォーク食べにもチャレンジ。

●1歳〜1歳半

完了期。おやつも加えましょう（大人より少しだけやわらかくして）。

途中でなんらかの理由で食べなくなったら、少し離乳食をお休みしても構いません。無理に食べさせて、食事に負のイメージを持たせないよう心を配りましょう。

ゆるゆる
レシピ

II

Yuru
Yuru
Recipe

YuruYuru 01

家族
みんなで
楽しめる
おやつ♪

Warabimochi

お豆腐のわらび餅風

保存期間：冷蔵で3日 ｜ 対象月齢：1歳～

フードプロセッサーを使うと見た目も口当たりもよくなります。
大人用には黒蜜＆きな粉でどうぞ。

材　料（5～6回分）

絹ごし豆腐…200ｇ
砂糖…小さじ1
片栗粉…55ｇ
水…1/2カップ
【トッピング】
　きなこ…大さじ2
　砂糖…大さじ1
　果物、つぶあん…適量

作り方

①大きめのボウルに絹ごし豆腐と砂糖を入れ、フードプロセッサーまたは泡だて器でなめらかになるまで混ぜ、片栗粉と水を加えさらに混ぜる。
②耐熱ボウルに入れ、ふわっとラップをして電子レンジで40～50秒ほど加熱し、スプーンなどでよく混ぜる。再度ラップをして電子レンジで20秒ほど加熱し、四角い保存容器に移す。
③濡れたスプーンの背で表面を整え、冷蔵庫で15～20分ほど冷やす。包丁でカットし、合わせたきな粉と砂糖をかけ、あんや果物を添える。

黒蜜をかけて
大人のスイーツに！

Memo
ぷるんぷるんの食感なので、食べる時には大人がそばで見守って。冷凍保存には向きません。
果物は最初は小さく切ってラップをかけ、電子レンジで軽く加熱し、冷ましてから添えましょう。

ゆるゆるレシピ
Yuru Yuru Recipe 02

作りたてがサイコーにおいしい！

Cream pasta

鮭の軽いクリームパスタ

保存期間：冷蔵で0日 ｜ 対象月齢：9カ月～

鮭の臭みやパサつきを抑えて食べやすく。すてきな器に盛りつけてパスタランチのようにしてあげても。

材　料（1回分）

生鮭…30ｇ　米粉パスタ（手で1cmくらいに折る）…10ｇ
無調整豆乳…1/2カップ　水…大さじ1　みそ…小さじ1/2
小松菜（葉・みじん切り）…大さじ1
有塩バター…小さじ1/2（1歳以降）

作り方

①2～3cm幅に切った生鮭、パスタ、豆乳、水、みそを小鍋に入れる。フタをして、弱めの中火で沸騰させないように7～8分煮る。
②パスタがやわらかくなったら小松菜とバターを入れて火を止める。
③鮭をほぐしながら皮や骨をしっかり取り除く。

Memo
鮭は白身魚なので8カ月頃から与えてよい。塩鮭やハラスは塩分を多く含むので避ける。

YuruYuru Recipe 03
ゆるゆるレシピ

食べ心地
ぷるるん
ゼリー

Fruit jelly

春めきフルーツあんみつ

保存期間：冷蔵で3日 ｜ 対象月齢：9カ月〜

ゼリーはよくほぐして与えて。作り方の②で野菜パウダー（P74）を少し加えるとより美しく。

材　料（4個分）

アガー（または粉寒天）…小さじ1と1/2
砂糖（てんさい糖）…大さじ1　水…1カップ
小豆（甘煮、缶詰めでもよい）…大さじ2
バナナ、季節の柑橘類、イチゴなど…各大さじ3

作り方

①小鍋にアガーと砂糖を入れて混ぜ、水を少しずつ加えてよく混ぜ溶かす。
②①を中火にかけ、軽く沸騰したら火を止める。粗熱がとれたら器に注ぎ、冷蔵庫で20〜30分ほど冷やし固める。
③水洗いしてからつぶした小豆、みじん切りにした果物を②にのせる。

Memo
豆乳や豆乳ホイップをかけてもよい。1歳未満には果物は加熱したものを与える。

ゆるゆるレシピ
Yuru Yuru Recipe 04

お出かけ時の水分補給や食べない日の口直しにも

Summer smoothie

スイカとリンゴの夏色スムージー

保存期間：冷蔵で3日 ｜ 対象月齢：7ヵ月～

スイカには、体内の余分なものを外に出し、体温を下げてくれる効果があります。少し冷たくしてあげるとお口さっぱり♪。

材　料（3～4回分）

スイカ、リンゴ（すりおろし）…各1/2カップ
水…1/2カップ

作り方

①ボウルにスイカとリンゴのすりおろしを入れる。（種を取り除く）
②①にふわっとラップをし、電子レンジで1分加熱する。アクを取り、水を加え混ぜ、ラップをして冷蔵庫で冷やす。（急ぐときは冷凍庫で15分ほど冷やすとよい）

Memo

千切りにしたリンゴと水をフードプロセッサーにかけ、スイカのすりおろしを加えると、色よく仕上がる。②でアガー（粉寒天）小さじ1を加え、電子レンジで約1分加熱して冷蔵庫で固めるとゼリーに変身。

YuruYuru Recipe 05
ゆるゆるレシピ

豆腐のクリームがとろりん

Tofu cream

Baby 白和え

保存期間：冷蔵で3日 ｜ 対象月齢：9カ月〜

濃い目のごま油と塩、しょうゆを追いがけすると、大人もハマる一品に。季節のフルーツやゆでた野菜にかけてみて。

材　料（作りやすい分量）

絹ごし豆腐…200g　砂糖、しょうゆ、油…各小さじ1

【トッピング】

バナナ、柿、トマトの果肉（各5mm角）など…各大さじ3

作り方

①ボウルにキッチンペーパーを敷き、絹ごし豆腐をのせてふわっとラップをかけ、電子レンジで1分加熱し水切りする。

②①に砂糖、しょうゆ、油を加え、フードプロセッサーまたは泡だて器にかける。

③食べる直前にトッピングの材料をのせる。

Memo　1歳未満には果物は加熱したものを与える。1歳を過ぎて、ごまにアレルギーなどがなければ、ごま油を使うと風味がぐんとよくなる。冷凍保存には向かない。

ゆるゆるレシピ
YuruYuru Recipe 06

旬の柿にオレンジ風味をプラス

Orange jelly

オレンジと柿のジュレ

保存期間：冷蔵で3日 | 対象月齢：8カ月～

季節の変わり目に、ビタミンCが豊富な柿とオレンジで風邪予防。ぷるぷるジュレをちょこちょことお口に入れてあげましょう♪

材料（3～4回分）

柿…1/3個（すりおろしで大さじ3）
オレンジ…1/6個（絞り汁で大さじ1）
アガー（または粉寒天）…小さじ1
水…1/2カップ

作り方

①柿は皮を持って小さめのボウルにすりおろし、オレンジを絞り入れる。
②アガーを入れてよく混ぜ、水を加え混ぜる。ふわっとラップをし、電子レンジで40～50秒加熱する。
③器に流し入れ、冷蔵庫で約20～30分間冷やす。

Memo 果肉が多少入ってもよい。冷凍保存には向かない。

Yuru Yuru Recipe 07
ゆるゆるレシピ

パワフルで
栄養満点

3大アレルギー食材を含む 牛乳

Pumpkin soup

ひき肉とかぼちゃのおかゆスープ

保存期間：冷蔵で2日 ｜ 対象月齢：9ヵ月～

牛乳でカルシウム強化、赤身肉で体重増加！
肉の濃いうまみがクセになる！

材　料（2～3回分）

かぼちゃ…80ｇ　玉ねぎ…20ｇ
油…小さじ1/2　豚ひき肉…80g
低脂肪牛乳…1/2カップ　水…1/2カップ
軟飯…大さじ2　しょうゆ…小さじ1

作り方

①かぼちゃと玉ねぎを小さめの乱切りにし、油を熱したフライパンで炒める。野菜がしっとりしたら豚ひき肉を加えて火が通るまで炒める。
②牛乳と水を加え、フタをしてやわらかくなるまで煮る。
③②と軟飯、しょうゆをフードプロセッサーにかける。

ゆるゆるレシピ
YuruYuru Recipe 08

生のれんこんは栄養た～っぷり

Grated lotus root soup

れんこんのすり流し

保存期間：冷蔵で3日 ｜ 対象月齢：7カ月～

水煮でもできますが、ぜひ生のれんこんを使いましょう。トロミをつけるのにもぴったりですよ。１歳を過ぎたら塩をプラスしても。

材　料（2～3回分）

昆布だし…1カップ
れんこん（すりおろし）…大さじ2　しょうゆ…小さじ1/2
青のり…小さじ1

作り方

①小鍋にだしを入れ、れんこんをすりおろす。
②フタをして中火で軽く沸騰させたらアクを取り火を止め、しょうゆと青のりを加え、冷ます。

Memo

れんこんはビタミンCやカリウム、食物繊維などを含む優秀な食材。余ったら極薄切りにし、よく水気を切って素揚げすると1歳以降のおやつになる。

YuruYuru Recipe 09
ゆるゆるレシピ

やわらかさは
豆乳の量で
調整して

3大アレルギー食材を含む
チーズ

Potato gratin

かんたんグラタン

保存期間：冷蔵で2日 ｜ 対象月齢：1歳～

胃腸の消化吸収の能力が未発達なので、初めてのチーズはカッテージチーズやリコッタチーズがおすすめです。

材　料（3回分）

生タラ切り身…1/2切（50ｇ）　しょうゆ…小さじ1
じゃがいも…100ｇ　無調整豆乳…大さじ1～2
トマト（5㎜角に切ったもの）…大さじ3
とうもろこし粒…大さじ3　細切りチーズ…20ｇ　青のり…少々

作り方

①一口大に切ったタラをフライパンに入れ、フタをして加熱する。火が通ったら皮と骨をとってほぐし、しょうゆをかけておく。

②じゃがいもは皮をむき、5㎜角に切って水でさっと洗ってから耐熱容器に入れ、ふんわりラップをかけて電子レンジで1分半加熱する。熱いうちにマッシュし、豆乳を加え混ぜ、①を加える。

③器に②を盛り、トマトととうもろこしと細切りチーズをのせる。電子レンジでチーズが溶けるまで加熱し、仕上げに青のりをふる。

Memo　1歳未満のお子さんには、②のあと昆布だし（1/2カップ）、水溶き片栗粉（適量）を加えて軽く沸騰させ、①にかけて与える。

気をつけて KUMA's Care

アレルギーとNG食材

#02 1歳まではちみつは絶対ダメ

食物アレルギーは、体を病原体から守る免疫の働きが、無害なはずの食べ物に対して過敏に反応してしまうことで起こります。

3大アレルギー食品

●鶏卵 ●小麦
●牛乳(乳製品や粉乳も含む)

0歳児のアレルギーの約6割が鶏卵(特に卵白部分)といわれています。

7大アレルギー食品

●3大アレルギー食品
●落花生(ピーナッツ)
●そば ●えび ●かに

子どものアレルギーが心配な時には、次のような方法で見当をつけることができます。食べることに慣れてきた頃に、今週は牛乳、次の週には小麦というように、アレルギー食品を1種類ずつ、病院があいている午前中に試します。複数を一緒に試すと、どの食品に反応したのかが分かりにくいので注意です。

他に気を付けるべき食材には以下があります。はちみつは乳児ボツリヌス症で死に至ることもあり、1歳未満には絶対にNG。生魚は中毒の危険性があり、こんにゃくや餅はのどに詰まらせる危険があります。子どもを家族などに預ける際にも、きちんと伝えましょう。

7大アレルギー食品以外でも、左記の食品は少量ずつ与えて様子を見ましょう。冷蔵庫にリストを貼っておけば不安は減ります。あまり過敏になりすぎず、楽しく食と向き合ってください。

アレルギーを引き起こしやすい食品として、消費者庁により成分表示を推奨されている食品

●大豆 ●くるみ
●アーモンド
●カシューナッツ
●りんご ●バナナ
●キウイフルーツ
●オレンジ ●もも
●鮭 ●さば ●いか
●あわび ●いくら
●鶏肉 ●豚肉
●牛肉 ●ゼラチン
●ごま ●やまいも
●まつたけ

にこにこレシピ

III

Niko Niko Recipe

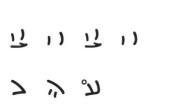

NikoNiko

01

具材によって
楽しみ
いろいろ

3大アレルギー食材を含む
卵・牛乳

Chawanmushi

はじめての茶わん蒸し

保存期間：冷蔵で2日 | 対象月齢：1歳～

卵も牛乳も安心して食べられるようになったら茶わん蒸しをあげてみたい♪
豆腐の代わりにゆでたうどんなどを入れても。夏は冷やすと食べやすく。

材 料（4個分）

絹ごし豆腐（木綿でもよい）…60ｇ

【卵液】
卵…1個　低脂肪牛乳…1/2カップ
水…1/4カップ　しょうゆ…小さじ1

【トッピング材料】
かつお昆布だし…1/2カップ
しょうゆ…小さじ1　しらす（さっと洗う）…5ｇ
とうもろこし（粒）・枝豆（粒、薄皮を外す）…各15ｇ
水溶き片栗粉…片栗粉小さじ1+水小さじ2

作り方

①ボウルに卵を割りほぐし、牛乳、水、しょうゆを加え、ザルで漉す。
②耐熱容器に①の卵液と2～3cm角に切った豆腐を入れ、熱湯を浅く張ったフライパンに並べる。フタをして弱火で10分加熱し、粗熱を取る。
③小鍋に片栗粉以外のトッピング材料を入れて中火にかける。ふつふつしたら水溶き片栗粉をまわし入れ、とろみがついたら火を止め、②にかける。

Memo　風邪のウイルスは鼻やのどから侵入するので、その粘膜を強くしたい。それには、良質なタンパク質とビタミン類を豊富に含む牛乳がピッタリ。さらに豆腐や豆類を加えれば鬼に金棒。

NikoNiko Recipe 02 にこにこレシピ

かわいい器に盛ればニコニコ

Mashed potatoes

ねことじゃがいも

保存期間：冷蔵で2日（ソースは冷蔵で3日）｜対象月齢：8ヵ月〜

ミネラル豊富な焼きのりソースで旨味もアップ。うどんやごはんにもかけてみて。

材　料（3〜4回分）

じゃがいも…200ｇ
しらす…15ｇ　絹ごし豆腐…50ｇ
【くろねこソース】
焼きのり…1/2枚　水…70cc

作り方

①じゃがいもは皮をむいて乱切りにし、水（分量外）を入れ、フタをしてゆでる。ゆであがる直前に、豆腐と、みじん切りにしたしらすを入れて火を止める。

②しっかり湯切りし、熱いうちにマッシュする。

③粗熱が取れたら丸く成形する。

【くろねこソース】

焼きのりを1〜2cm角にちぎり、分量の水と一緒に大きめの耐熱ボウルに入れ混ぜ、ラップをふわっとかけて電子レンジで1分ほど加熱する。ラップを外さずにしばらく置き、③にかける。

NikoNiko Recipe 03
にこにこレシピ

まさかの居酒屋メニュー!?

Flatfish jelly

カレイときゅうりのさっぱりジュレ

保存期間：冷蔵で2日 | 対象月齢：9カ月～

高タンパク、低カロリーのカレイは子どもの成長に必要なビタミン類も豊富。ジュレにするとさっぱりした口当たりに。

材　料（2～3回分）

昆布だし…1カップ　カレイ…30g

【A】きゅうり（すりおろし）…大さじ1

アガー（または粉寒天）…小さじ1

しょうゆ・砂糖…各小さじ1/2

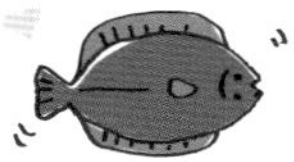

作り方

①小鍋に昆布だしを入れ、フタをして軽く沸騰させ、5㎜くらいの薄さにそぎ切りにしたカレイを加えて煮る。

②混ぜておいたAを加え軽く沸騰させ、アクが出れば取り除いて火を止める。カレイの皮や骨を除き、ほぐす。

③粗熱がとれたら器に注ぎ、冷蔵庫で約20～30分冷やし固める。

Memo 初めてきゅうりを与える場合は皮をむいておく。大人用には、このジュレの上に湯葉やおいしい豆腐をのせ、ごま油と塩をふっていただくと◎。冷やして前菜やおつまみにも。

つかみ食べ期にぴったり

MikoMiko 04

Yakimochi

鮭と乾物の焼きもち

保存期間：生地は冷蔵で2日・焼いたものは冷凍で1週間 ｜ 対象月齢：1歳〜

干し野菜は天日干しにすることで水分が減り、旨みや栄養が凝縮されます。また少量でも食物繊維を多く取ることができます。焼き上がりがしっかりしているので持ちやすく、かめばかむほど味が出るので、喜んで食べるでしょう。

材　料（直径4〜5cmのもの約12枚分）

切り干し大根（乾）…8ｇ
生鮭…1/3切れ（30ｇ）
キャベツ（みじん切り）…25ｇ
片栗粉…30ｇ　砂糖…小さじ1
しょうゆ…小さじ1/2
水（豆乳でもよい）…40cc

作り方

①切り干し大根は水で戻してみじん切りに。生鮭はやわらかく焼いて骨と皮を外し、よくほぐしておく。
②ボウルにみじん切りのキャベツと①の切り干し大根を入れ混ぜ、ふわっとラップをして電子レンジで20秒加熱する。
③ボウルに①と②、片栗粉、砂糖、しょうゆ、水を入れて混ぜる。
④フライパンに油を薄くひき、②をスプーンで落とし入れ、弱めの中火で両面に焼き色がつくまで焼く。

Memo　鮭は骨が残っていないかよくチェックして。キャベツは紫キャベツにすると見た目も栄養価もアップ。アレルギーの心配のないお子さんにはごま油を使えばより香ばしく。

NikoNiko Recipe 05

にこにこレシピ

まっしろ野菜のきれいなスープ

Cauliflower soup

WHITE SOUP

保存期間：冷蔵で3日 | 対象月齢：6カ月〜

カリフラワーはビタミン類が豊富で、茎も栄養価が高いので、残さず与えたい食材です。大根も赤ちゃんのお腹にやさしく、食欲アップ効果も♪

材　料（2〜3回分）

大根、玉ねぎ…各30ｇ

カリフラワー…50ｇ　昆布だし…1カップ

砂糖…ひとつまみ

作り方

①小鍋に皮をむいた大根、玉ねぎを乱切りにして入れ、小房に分けたカリフラワー、昆布だしを入れてフタをしてやわらかく煮る。

②①に砂糖を加え、フードプロセッサーにかける。

Memo

8カ月くらいからは塩少々を加えてもよい。人肌に冷まして与える。

NikoNiko Recipe 06

にこにこレシピ

ぷっくーと
ふくらむ
おもしろ
蒸しパン

3大アレルギー食材を含む 卵白（はんぺん）

Steamed Bread

カルシウム蒸しパン

保存期間：生地は冷蔵で2日・蒸しパンは冷凍で1週間 ｜ 対象月齢：9ヵ月～

栄養バランスのよい蒸しパン。お出かけ時、バッグにポンポン♪と入れておけばママもラクチン。

材　料（約8個分）

かぼちゃ（5㎜角）…1/2カップ

ブロッコリーの穂先…大さじ2　米粉（または小麦粉）…150ｇ

ベーキングパウダー…10ｇ

【A】はんぺん（3～4等分にちぎる）…1枚（100～110ｇ）

無調整豆乳…1カップ

油…大さじ1と1/2　砂糖…大さじ1と1/2

作り方

①5㎜角に切ったかぼちゃと、よく洗ったブロッコリーの穂先を包丁で削いで耐熱皿に入れ、ふわっとラップをして電子レンジで40～50秒加熱する。

②Aをフードプロセッサーにかけ、なめらかになったら米粉とベーキングパウダーも加えてかける。ボウルに移し、①を混ぜ込む。

③耐熱容器の8分目まで②を入れ、ラップをかけずに電子レンジで約1分間加熱する。表面が乾いて粗熱が取れたら出来上がり。

NikoNiko Recipe 07 にこにこレシピ

赤ちゃん行列ができちゃうかも！

Tomato jelly

イチゴとトマトジュレのSALAD

保存期間：冷蔵で3日 ｜ 対象月齢：6カ月～（生のイチゴは9カ月～）

栄養価の高いトマトは、与えたいけれど味はけっこう刺激的。湯むきをしなくても、ジュレにぷるんと変身させれば風味も口当たりも心地よく。イチゴの甘みとトマトの酸味が絶妙です！

甘み担当です
酸味担当です

材　料（2～3回分）

完熟トマト…中1/2玉（50ｇ）
アガー（または粉寒天）…小さじ1　砂糖…ひとつまみ
水…1カップ　イチゴ（みじん切り）…大さじ2＋水大さじ1/2

作り方

①トマトを横半分に切り、スプーンで種を取り除く。果肉をスプーンで取り、包丁でみじん切りにする。

②耐熱ボウルにアガー、砂糖、①を入れ、しっかり混ぜ溶かしてから水を注いでよく混ぜる。ラップをふわっとかけ電子レンジで1分加熱し、器に入れて冷蔵庫で20分間冷やし固める。

③イチゴを耐熱容器に入れて分量の水を加え混ぜ、ラップをふわっとかけ電子レンジで約15秒間加熱する。粗熱が取れたら裏ごしして種を取り、ジュレにかける。

粗熱が取れたら裏ごし!!

NikoNiko Recipe 08

にこにこレシピ

かぶのうまみで感動のスープ

Tumip soup

小ねぎと白かぶのやさしいスープ

保存期間：冷蔵で3日 | 対象月齢：7カ月～

火の通りが早いかぶや大根は調理がしやすく、離乳食にもおすすめ。ビタミンCが豊富な小ねぎに、玉ねぎの甘みとだしのうまみをミックスして。

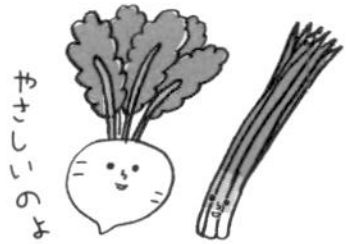

材　料（4～5回分）

玉ねぎ…100ｇ　かぶ、大根…各50ｇ　小ねぎ…8ｇ
昆布だし…1と1/4カップ　しょうゆ…小さじ1/2

作り方

①玉ねぎ、かぶ、大根は皮をむいて小さめの乱切りに。小ねぎは株を取り3～4cm幅に切る。

②小鍋に①と昆布だしを入れてフタをし、中火でやわらかくなるまで煮る。

③しょうゆを入れ、フードプロセッサーにかけてなめらかにし、粗熱をとる。

Memo　大人用には、豆腐を浮かべ、たっぷりのかつお節としょうゆを少々かけるとおいしくいただける。

にこにこレシピ
NikoNiko Recipe 09

すりおろしたマッシュルームがやみつきに!?

Mashroom rice

マッシュルーム香るごはん

保存期間：冷蔵で3日・冷凍1週間 ｜ 対象月齢：9ヵ月～

食物繊維が豊富なきのこ類は、舌でつぶせないので赤ちゃんにはNG食材ですが、ペースト状ならOK。油と一緒に炊けば、かぼちゃのビタミンAを吸収しやすくなります。

材　料（作りやすい分量）

米…1合　マッシュルーム…1個　かぼちゃ…30ｇ
ひじき（乾）…小さじ1　絹ごし豆腐…50ｇ
油…小さじ1/2　青のり…少々

作り方

①ひじきを水で戻し、みじん切りにする。米は洗って浸水させ、水気を切って炊飯器に入れる。

②マッシュルームを小鍋にすりおろし、小さめの乱切りにしたかぼちゃ、ひじき、水切りした豆腐、水1/2カップ（分量外）を加え、ふたをして中火にかける。アクをとりながら1～2分煮て火を止め、粗熱を取る。

③炊飯器に②を煮汁ごと入れ、油をたらし、水を月齢に合わせた目盛りまで足して炊く（1歳未満は2.5合、1歳～1歳半は2合の目盛りまで水を加える）。器に盛り、青のりをふる。

NikoNiko Recipe 10

にこにこレシピ

さつまいもの恵みをいただきます

Sweet potato rice

くりきんとんのようなごはん

保存期間：冷蔵で3日・冷凍で1週間 ｜ 対象月齢：7カ月～

さつまいもは、色だけでなく食感や風味が栗に近い♪　良質な油を加えることで消化・吸収を助けます。赤ちゃんは豆腐の食感も大好き。少し加えるとグンと食べやすくなります。

材　料（作りやすい分量）

米…1合　さつまいも…120ｇ

砂糖…大さじ1　絹ごし豆腐…50ｇ

作り方

①米を洗って浸水させ水気を切っておく。さつまいもはところどころ皮をむき、5㎜の厚さに切って水に浸け、アクを取る。

②炊飯器に米と砂糖を入れ、上にさつまいもを並べる。絹ごし豆腐をのせ、水を月齢に合わせた目盛りまで足して炊飯する（1歳未満は2.5合、1歳～1歳半は2合の目盛りまで水を加える）。

Memo　さつまいもは不要なものを体外に排出する働きを持つカリウムを多く含み、食物繊維も豊富。ごはんはやわらかめに炊いても。

気をつけて KUMA's Care

#03 ごはんとだし

赤ちゃんも きっと知っている… 昆布だしのヒミツ

昆布だしのおいしさは、日本人ならだれもが知っていますね。それは赤ちゃんも同じ。昆布でだしを取り、それで離乳食を作り、できたてをいただく。これこそが最高のひとくちです。

じつは、お腹の赤ちゃんが浮かんでいた羊水、それに母乳、昆布、これらに共通して含まれるのがグルタミン酸というきうま味成分なのです。

舌がうまみを感じると、それが癖になって、すぐに二口め、三口めに進み、おかわりへ——。赤ちゃんが夢中になる離乳食には、だしの風味がしっかり効いていることが多いのです。

だしの風味は、冷凍するとどうしても薄くなってしまうので、時間があるときには、きちんとだしを取って、作りたてを食べさせてみてください。はじめのうちは面倒かもしれませんが、離乳食期は大切な味覚形成期です。かつお昆布だしは9カ月頃からOKです。

本物のだしのうまみを知ることで、その子の「食の未来」が変わります。そうすればママも赤ちゃんもハッピーになれるはず……。

もう一つお知らせしたいことがあります。

日本人の食卓に欠かせない主食がごはんです。ごはんの糖質は脳にエネルギーを運んでくれます。

同じ炭水化物でも、市販のパンはどうしても添加物などが入りがち。その点、お米は安心、安全です。

じつは、ごはんと母乳は味が似ているんですよ〜。赤ちゃんのごはんも、だしで炊くと最高においしいので、ぜひお試しを。

IV

Waku
Waku
Recipe

わくわく
レシピ

WakuWaku

01

つかみ食べ
しすぎ
注意！です♡

3大アレルギー食材を含む
卵

Baby pickles

子ども漬けもの

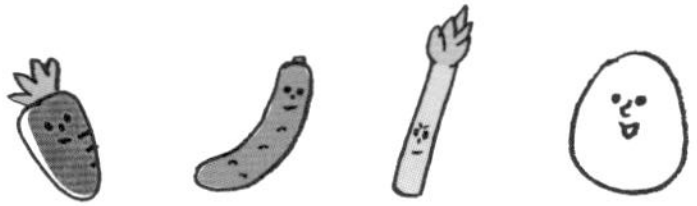

保存期間：冷蔵で4〜5日 ｜ 対象年齢：1歳〜

にんじんは皮の部分に栄養が多いので、ぜひ皮ごと食べさせてみて！好き嫌いが出てくる1歳からのお子さんも、「だしのうまみ」と「持ちたくなる形」にはかなわない!?　もちろん大人もどうぞ。

材　料（作りやすい分量）

にんじん…1/2本
きゅうり…2本
アスパラ…3本
ゆで卵…5個
【A】
みそ（白こし）…150g
砂糖…100g
みりん（2歳未満は水）…大さじ4
花かつお…30g

作り方

① Aをボウルで合わせ混ぜ、大きめの保存袋2つに半分ずつ分け入れる。
② 固ゆでした卵を①の1つの袋に入れ、空気を抜いて保存する。
③ きゅうりは種をすくいとり、皮をところどころむいて3〜4cmに切る。にんじん、アスパラは硬い皮部分は削ぎ、熱湯でゆでて食べやすいサイズに切り、キッチンペーパーで水気をとる。①のもう1つの袋に入れ、空気を抜いて冷蔵庫で保存する。さっと洗ってからいただく。

Memo　【漬け時間の目安】1歳半〜2歳まで：1〜2時間／2歳〜：2〜5時間／大人：半日以上（大人用の卵は丸一日以上）。調味料や野菜によって漬かり具合が変わるため、最初は1時間ほど漬けて味見をするとよい。さっと洗ってから食べさせること。

WakuWaku Recipe 02 わくわくレシピ

栄養がぎゅぎゅー！
見た目もカラフル！

Rice noodies

ブロッコリーと鶏のあんかけ麺

保存期間：冷蔵で3日 ｜ 対象月齢：9カ月～

食欲がない時でもツルンと食べやすい。ブロッコリーはよく洗って、赤ちゃんには穂先の部分を削いで使いましょう。

材 料（2～3回分）

米粉麺…1回10ｇ（1回分ごとにゆでる）
にんじん、かぼちゃ…合わせて15ｇ
ブロッコリーの穂先…大さじ1　鶏ささみ肉…20ｇ
金時豆（ほろあま煮、あれば）…大さじ3
水溶き片栗粉…大さじ2/3+水大さじ2
しょうゆ…小さじ1

作り方

① 麺を1～2cmに折ってゆでておく。
② にんじんとかぼちゃはみじん切りにして、包丁で削いだブロッコリーの穂先とともに小鍋に入れ、水150cc（分量外）を加え、フタをして煮る。（型抜きの工程はP18参照）
③ ②の鍋に、みじん切りにした鶏ささみ肉と金時豆を入れ、フタをして中火で煮る。ふつふつしてきたら水溶き片栗粉、しょうゆを加え、①にかける。

WakuWaku Recipe 03

わくわくレシピ

いつものごはんに飽きたら…

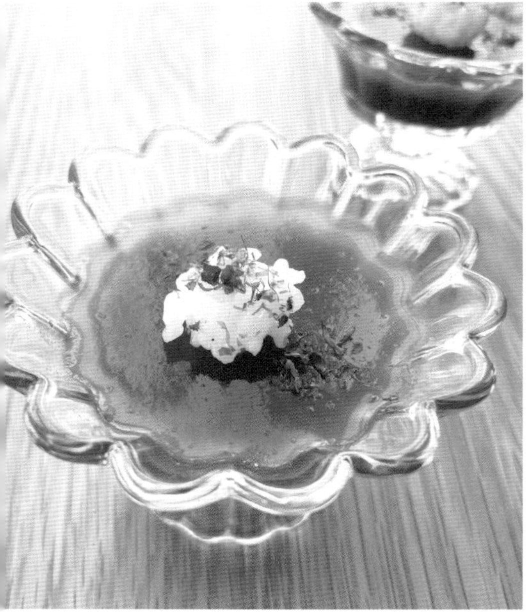

Ohagi jelly

おはぎのような小豆ジュレ

保存期間：冷蔵で3日 ｜ 対象月齢：9ヵ月～

小豆には白米の栄養に不足しがちなビタミンB1、B2が含まれています。だから日本の伝統料理である「お赤飯」や「おはぎ」にはこの組み合わせなのかもしれませんね。

ビタミンいっぱいあずきです
ごはんと一緒にいると落ち着きマス

材　料（4～5個分）

小豆（甘煮、缶詰めでもよい）…100g
水…1カップ
砂糖…小さじ1　アガー（または粉寒天）…小さじ1
軟飯…適量　塩、青のり…ほんの少し

作り方

①さっと洗って水気を切った小豆、水、砂糖、アガーをフードプロセッサーにかける。
②小鍋に入れて中火で温め、軽く沸騰したら火を止める。耐熱容器に流し入れ、冷蔵庫で20～30分冷やし固める。
③②に軟飯をのせ、塩と青のりをぱらりとかけて、よくほぐし混ぜながら与える。

わくわくレシピ
WakuWaku Recipe 04

切って入れてピッと押すだけ♪

Potaufeu

炊飯器でつくるポトフ

保存期間：冷蔵で3日 ｜ 対象月齢：1歳～

炊飯器ひとつでできちゃうほったらかしレシピ。1歳未満のお子さんには鶏ささみ肉にし、にんにくを半量にして。

材　料（作りやすい分量）

じゃがいも…150ｇ　にんじん…100ｇ
鶏手羽元か手羽先…4～5本　玉ねぎ…100ｇ
にんにく…1かけ
【A】かつお昆布だし…3カップ　しょうゆ…大さじ1
細切り昆布（あれば）…ふたつまみ

作り方

①じゃがいもとにんじんは皮をむいて3～4cmの乱切りにする（じゃがいもは少し水に浸けてから水を切っておく）。玉ねぎは皮をむいてくし切りにする。にんにくは皮をむき、包丁で軽くつぶす。

②フォークで表面に穴をあけた鶏肉と①、Aを炊飯器に入れて炊飯モードで調理する。鶏肉や野菜は細かくほぐして与える。

WakuWaku Recipe 05

わくわくレシピ

今日はおうちでレストラン♪

Onion gratin soup

オニオングラタンスープ

保存期間：冷蔵で2日 ｜ 対象月齢：1歳半～

玉ねぎのとろんとしたおいしさを味わって。麩を車麩にするとお肉のような食感になります。よく冷まして与えましょう。

材　料（3～4回分）

玉ねぎ…50ｇ　水…1カップ

しょうゆ、砂糖…各小さじ1～2

有塩バター…大さじ1/2～1

車麩（食べる分を水に浸けておく）…1回分で1枚（約10ｇ）

細切りチーズ…30ｇ

作り方

①玉ねぎを極薄切り（長さは2cmくらい）に切り、小鍋に油（分量外）をひいて弱火であめ色になるまで炒める。

②水を注いで調味料、バターを加え、ふつふつしたら火を止める。

③耐熱容器に入れ、水気を絞った麩を細かく切って入れ、細切りチーズをのせる。ふわっとラップをかけ、電子レンジでチーズが溶けるまで加熱（10秒くらい）する。

Memo　麩はスープを吸うので、作り置きする時は食べる分だけ水に浸け、③で入れる。

わくわくレシピ
WakuWaku Recipe 06

もちもち食感が楽しい★

Pumpkin gnocchi with tomatoes

かぼちゃのニョッキ with たっぷりトマト

保存期間：トマトソースは冷蔵で2日 ｜ 対象月齢：9ヵ月～

トマトは油と一緒に加熱すると栄養価がアップ。トマトジュースの味によって全体の味が変わるのでお試しを。

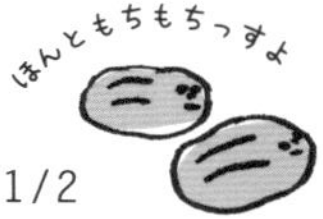

材　料（2～3回分）

かぼちゃ…50ｇ　米粉（または小麦粉）…大さじ1と1/2
片栗粉…大さじ1と1/2
【トマトソース】
　玉ねぎ（みじん切り）…大さじ2　鶏ひき肉…大さじ2
　片栗粉…小さじ1
　トマトジュース（無塩）…1/2カップ　昆布だし…1カップ
　砂糖…小さじ1～1と1/2

作り方

①ニョッキを作る。かぼちゃは薄く皮をむき、厚さ1～2cmに切る。耐熱容器に入れ、ふわっとラップをかけ、電子レンジで1分30秒加熱する。熱いうちにマッシュし、米粉と片栗粉を加えてこねる。耳たぶくらいのやわらかさになったら、食べやすい大きさに成形する。

②トマトソースを作る。小鍋に油（分量外）をひき、玉ねぎのみじん切りと鶏ひき肉を炒め、しっとりしたら片栗粉をまぶす。トマトジュース、昆布だし、砂糖を加え中火で煮る。

③ふつふつしたら①を入れ、1分ほど煮て火を止める。

WakuWaku Recipe 07
わくわくレシピ

トマトはうま味と栄養の宝庫です

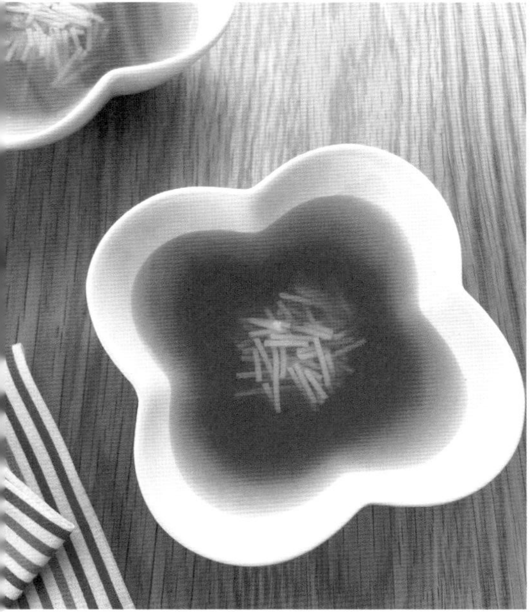

Tomato soup noodles

トマトだしスープ麺

保存期間：冷蔵で3日 ｜ 対象月齢：10ヵ月〜

トマトの赤色はリコピンの赤。免疫力向上と風邪予防などの効果が期待できます。夏は冷やして水分補給にも◎。

材　料（3〜4回分）

米粉麺…1回10ｇ　完熟トマト（中玉）…1玉（150ｇ）
水…2カップ　かつお節…ひとつかみ
砂糖…大さじ1　しょうゆ…小さじ1

作り方

①米粉麺は1cmくらいに折ってからゆでておく。
②トマトは洗ってヘタを落とし、皮ごと3〜4cm角のざく切りにする。小鍋に入れて水を加え、フタをして弱〜中火で10〜15分煮る。
③火を止め、かつお節を入れ、少し冷ましてからザルで漉す。小鍋に戻し、調味料、①を入れる。

Memo　完熟トマトが手に入らなければ、トマトを200ｇ使い、砂糖の量も少し増やしてみて。子どもが食べない場合には、水溶き片栗粉でとろみをつけるとよい。

わくわくレシピ
WakuWaku Recipe 08

コース料理みたい！気持ちも上がる

Terrine

きらきらテリーヌ

保存期間：冷蔵で3日 ｜ 対象月齢：8ヵ月〜

ジュレに包まれた野菜とお肉がきらきら踊り、トロリと食べやすい。小さく切るほど浮かびやすくなりますが、急ぐ時は具が沈んでも気にせずに。

材　料（3個分）

昆布だし…2カップ　にんじん、かぼちゃ…各20g
鶏ささみ（みじん切り）…20g
小松菜（葉・みじん切り）…5g　砂糖…小さじ1
アガー（または粉寒天）…小さじ2　しょうゆ…小さじ1

作り方

①小鍋に昆布だしと1〜2mm角に刻んだにんじんとかぼちゃを入れ、フタをして中火にかける。野菜がやわらかくなったら鶏ささみと小松菜を入れ、火が通るまで煮る。

②合わせておいた砂糖とアガーを①に少しずつ加え混ぜる。軽く沸騰させ、しょうゆを加える。

③②の粗熱が取れたら器に注ぎ、冷蔵庫で20分ほど冷やし固める。

WakuWaku Recipe 09
わくわくレシピ

楽しみながら
食物繊維が
取れる

Waffle sandwich

ワッフルサンド

保存期間：生地は冷蔵で2日・焼いたものは冷凍で1週間 ｜ 対象月齢：9ヵ月〜

離乳食期からキッズ期まで、ながーいお友だち。喉につまらせないよう、水分と一緒に与えましょう。

材　料（直径7〜8cmで20枚分）

【生地】
米粉（または小麦粉）…50ｇ　片栗粉…10ｇ
ベーキングパウダー…5ｇ　砂糖…大さじ1/2
小豆（ほろあま煮）…50ｇ　無調製豆乳…80cc

【具材】
さつまいもやかぼちゃ(ゆでてマッシュしたもの）…各適量
小豆（ほろあま煮）…適量

作り方
①米粉と片栗粉、ベーキングパウダー、砂糖をボウルに入れてよく混ぜる。
②別のボウルに小豆を入れ、スプーンなどでつぶして、豆乳を加えて混ぜる。
③②に①を2回に分けて入れ混ぜる。フライパンに油をひき、②を入れて両面を焼く。マッシュしたさつまいもやかぼちゃに小豆を混ぜた具を挟む。

気をつけて KUMA's Care

#04 赤ちゃんが好きな舌触りを意識して

食感が命

お母さんたちからは、離乳食の味付けについての質問をよく受けます。でも、どうやら赤ちゃんにとっては、口に入れた時の「食べ心地の良さ」の方が何より重要のようです。

どろどろのおかゆやモソモソしたマッシュポテトはちょっぴり苦手。ぷるぷるゼリーやとろとろスープ、もちもちごはんは、食感が気持ちよくってだーいすき♪　「あれ、なんか食べないな」と思ったら、食感を一工夫してみてください。

大人も食事中に冷たいお茶を口に含むと、リセットされて気持ちいいですよね。赤ちゃんも食事中、口の中の温度が上がって不快だと、お腹が空いていても食べたくなくなってしまうものです（真夏に食べなくなったというお悩みが多いのも納得です）。

だって赤ちゃんは「ねえちょっと、冷たい飲み物くれる？」なんて言えません。そんな時、冷やした離乳食を合間に食べさせてみてください。まるでフルコースの途中で出てくるお口直しのシャーベットのような感覚と言えばいいでしょうか。これですいすい食事が進むことがありますよ。

ときどき
レシピ

V

Toki
Doki
Recipe

Toki Doki 01

「たべるマスク」のおやつです

3大アレルギー食材を含む
卵

Vegetable cookie

風邪ひかない★クッキー

保存期間：焼いたものは冷凍で2週間｜対象月齢：1歳～

にんじんとかぼちゃは脂溶性ビタミンを含みます。ビタミンは油と一緒に調理すると吸収されやすくなり、豆を加えることで食物繊維やたんぱく質もアップ。ときどき作って冷凍し、ちょこちょこ栄養アップをはかりましょう。

材　料（直径5cmで20個分）

米粉…200g
ベーキングパウダー…小さじ1と1/2
油…120cc　砂糖…40g　卵…1個
無調整豆乳…1/4カップ
にんじん＆かぼちゃ（すりおろし）…合わせて大さじ2
※どちらかでもよい
黒豆（煮豆）…80g
コーンフレーク（無添加）…20g

作り方（※オーブンを180度に予熱しておく）

①米粉とベーキングパウダーをよく混ぜる。
②別のボウルに油を入れ、砂糖を加えてよく混ぜ、溶き卵、豆乳、にんじん＆かぼちゃ、①をその都度よく混ぜながら順に加える。さらに黒豆とフレークを加えてざっくり全体を混ぜる。
③クッキングシートを敷いた天板に生地をスプーンで丸く落とし、180度のオーブンで20分焼く。

ときどきレシピ
Toki Doki Recipe 02

卵も牛乳も使わずポン！

Banana Bread

炊飯器でポン♪豆乳バナナケーキ

保存期間：冷蔵で2日・冷凍で2週間 ｜ 対象月齢：9ヵ月～

1歳のお祝いケーキにもぴったり(^^♪。もっちりさせたい場合は、米粉のうち30ｇを上新粉などに変えてみて。とうふクリーム（P21、パプリカ抜き）をのせればよりシアワセに。

材 料
バナナ…150ｇ
レモン汁…大さじ1
無調整豆乳…220cc
砂糖、油…各1/4カップ
米粉…200ｇ
ベーキングパウダー…12ｇ

作り方
①みじん切りにしたバナナをボウルに入れてレモン汁を加え、豆乳、砂糖、油を入れ混ぜる。
②米粉とベーキングパウダーを混ぜておき、①に加え混ぜる。
③5合炊きの炊飯器に入れて平らにし、普通に炊飯する。早炊きモードの場合、裏返さずに2度炊く。

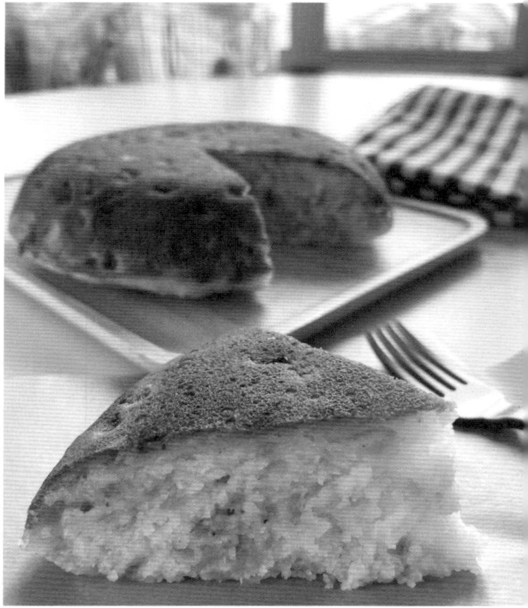

Toki Doki Recipe 03
ときどきレシピ

一気に焼いて冷凍しちゃおう♪

Chicken hamburger steak ////

鶏つくねバーグ

保存期間：冷凍で2週間 ｜ 対象月齢：9カ月～

1歳を過ぎたらチーズやコーンを入れたり、肉を豚や牛にしたり、味の変化を楽しんで焼きのりを細かくちぎって生地に加えても。

材　料（3～4cmで20個分）

玉ねぎ、にんじん…各30ｇ　キャベツ…50ｇ
鶏ひき肉…150ｇ
れんこん（生、すりおろし）…大さじ2 ※ない場合は片栗粉を大さじ4に
青のり…大さじ1
片栗粉…大さじ3　しょうゆ…大さじ1/2
水…大さじ2

作り方

①玉ねぎ、にんじん、キャベツをみじん切りにし、耐熱ボウルに入れ、ふんわりラップをかけて電子レンジで1分間加熱する。

②①に鶏ひき肉、れんこん、青のり、片栗粉、しょうゆ、水を入れ混ぜ、油をひいたフライパンにスプーンで生地を落とし両面を焼く。

ときどきレシピ

Toki Doki Recipe 04

おやつはオーブンにおまかせ！

3大アレルギー食材を含む 卵

Okara muffin

おからマフィン

保存期間：冷凍で1週間 ｜ 対象月齢：10ヵ月〜

ぱさついた印象もあるおからを良質な油と卵でなめらかに。焼き上がったら、冷まして1個ずつラップをして冷凍。食べさせたい時にチンすればラクチン♪

材　料（5㎝のマフィンカップで８個分）

卵（Ｍサイズ）…２個　無調整豆乳（水でもよい）…100cc
米粉（または小麦粉）…120ｇ　きなこ…大さじ1（あれば）
ベーキングパウダー…８ｇ
小豆（甘煮、缶詰めでもよい）…50ｇ
【Ａ】おから（生）…80ｇ　砂糖…30ｇ　油…50cc

作り方（※卵は常温に戻しておく）

①ボウルに卵を溶きほぐし、Ａと豆乳を加えてさっくり混ぜる。
②米粉ときな粉、ベーキングパウダーを混ぜ、①に加え混ぜる。
③さっと洗ってスプーンの背で半分くらいつぶした小豆と②を混ぜる。マフィン型の7.5〜８分目まで入れ、180度のオーブンで30分間焼く。

Toki Doki Recipe 05
ときどきレシピ

仕上がりふかふか♪

Tofu cake

とうふケーキ★プチフール

保存期間：冷凍で1週間 ｜ 対象月齢：9ヵ月～

時間があるときに一気に焼き、平日はパパッと解凍して好きなものをトッピング♪ 食感ふわふわ♪気持ちルンルン♪

材　料（5㎝のマフィンカップで5～6個分）

絹ごし豆腐…100ｇ　無調整豆乳…大さじ3　卵…1個
砂糖…50ｇ　油…大さじ3　米粉（または小麦粉）…110ｇ
ベーキングパウダー…10ｇ
【とうふクリーム】絹ごし豆腐…1/2丁　砂糖…大さじ1
【トッピング】果物（イチゴ・バナナ・オレンジなど）…適量

作り方（※卵は常温に戻しておく）

①水切りした豆腐をボウルに入れて泡だて器で混ぜ、豆乳、卵、砂糖、油を加えてしっかり混ぜる。
②米粉とベーキングパウダーを混ぜておき、①に入れ混ぜる。
③型に流し入れ、190度に予熱しておいたオーブンで15分間焼く。食べる直前にとうふクリームや小さく切った果物などを飾る。

【とうふクリーム】P21の①の工程の後、砂糖を入れ、泡だて器かフードプロセッサーにかけてなめらかにする。

Memo　月齢が小さいうちは、果物は小さく切って電子レンジで軽く加熱し、冷ましてから添える。

ときどきレシピ

Toki Doki Recipe 06

おやつにピッタリ☆

Boiled black soybeans

黒大豆の塩ゆで

保存期間：冷蔵で2日・冷凍で1週間 ｜ 対象月齢：1歳〜

与える時は、喉につまらせないよう軽くつぶしてからにしましょう。
食べている時も目を離さないようにしてください。

材　料（作りやすい分量）

黒大豆（乾）…100g
浸け汁…水1カップ
砂糖…大さじ1/2
塩…ふたつまみ

作り方

①水に浸けておいた黒大豆は浸け汁ごと鍋に入れ、火にかける。アクを取り、アクが完全に出なくなったら、豆の顔が出ないよう水を足しながら煮る。

②完全にやわらかくなったら砂糖を入れ混ぜ、火を止める。粗熱が取れたらザルに上げ、ザルの上で塩をまぶす。

Memo

黒大豆はたっぷりの水に夏場は8時間以上、冬場は丸1日くらい浸けておく。全体がふっくらしてハリが出たら、ゆで始めてOK。少しでもシワがあればさらに浸ける。

Toki Doki Recipe 07

ときどきレシピ

大きく焼いて
自由に
カット♪

Black soybeans galette //////////

黒大豆のガレット

保存期間：生地は冷蔵で2日・焼いたものは冷凍で1週間 ｜ 対象月齢：9カ月～

栄養満点の豆は、そのまま与えると喉をつまらせる心配がありますが、ペースト状にしてからなら安心♪　主食にも、おやつ代わりにも◎

材　料

黒大豆（塩ゆでか甘く煮たもの）…50ｇ
無調整豆乳…150～180cc
米粉（または小麦粉）…50ｇ
ベーキングパウダー…5ｇ
砂糖…大さじ1/2～1

作り方

①黒大豆と豆乳をフードプロセッサーにかける。
②十分になめらかになったら米粉、ベーキングパウダー、砂糖を加えてさらにかける。
③フライパンに油（分量外）を熱して生地を流し、両面を焼く。包丁で持ちやすいサイズに切る。

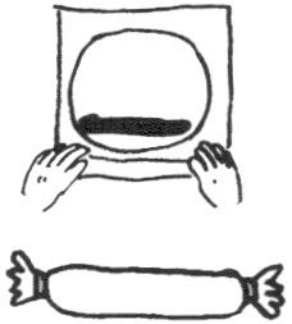

Memo　【まめのロールガレット】ラップの上に焼いたガレットを広げ、手前にあんを薄く塗りくるくると巻く。輪ゴムでラップごと両端を縛っておき、与えたいときに外して包丁で切る。

気をつけて KUMA's Care

#05 旬の食材と栄養価が体を守る

食材のチカラ

「お肉やお魚は○○ちゃんの体重を増やしてくれるんだよ。大きくなりたいかな？」「かぼちゃやにんじんはね、見えないマスクだよ。油と一緒にじゅわーっと炒めたらね、ばい菌が入ってきてもコラ！　中に入るな！　ってくしゃみや鼻水を出して体を守ってくれるんだよ」

わが家では、子どもたちによくこんな話をしています。食材を栄養価別に見る癖をつけておくと、バランスのよい食事がとれます。

❶にんじん、かぼちゃ、トマトなど脂溶性ビタミンを含む食材は、少しの油と一緒に調理すると、体の中に栄養を取り込みやすくなります。

❷野菜は種のまわりや皮の近くに栄養が多く含まれるので、皮は厚くむきすぎないように。

❸ブロッコリーやカリフラワー、バナナなどは農薬が強く残っている場合があります。なるべく減農薬のものを選び、よく洗ってから使いましょう。

❹忙しい時にはベビーフードのチカラも借りましょう。ただ、それだけで与えるのではなく、ピューレや野菜フレーク、パウダーなど、栄養をぎゅっと閉じ込めている安心なものを加えてみて。余計な添加物が含まれていないかなど、成分表記を確かめて、ママが必ず味見を。外出時やお泊まりの際にも活躍しますよ。

❺旬の食材は、味も栄養価も一番高まっている状態です。旬を感じるには、市場などの八百屋さんや魚屋さん、豆腐屋さんを見つけておくのがおすすめです。気軽に旬の食材を質問できたり、おすすめの食べ方を教えてくれたりもします。

PopSpoonのオリジナル野菜パウダー＆昆布パウダーも発売中。耳かき1杯でビーツは栄養アップ＆かわいいピンクになり、昆布は食物繊維量アップ＆うまみ倍増です！

ぴかぴか
アイテム

VI

Pika
Pika
Item

ぴかぴかアイテム

PikaPika Item 01

食糧基地・北海道の農業を支えるホクレンは、米、野菜、豆から道産にこだわった加工品まで、豊富なラインアップが自慢です。

ホクレン

北海道の大豆

大豆アレルギーの心配がないお子さんには、ゆでたものを極みじん切りにしてお肉に混ぜてあげればたんぱく質強化に。

赤ちゃんの体の土台をつくる

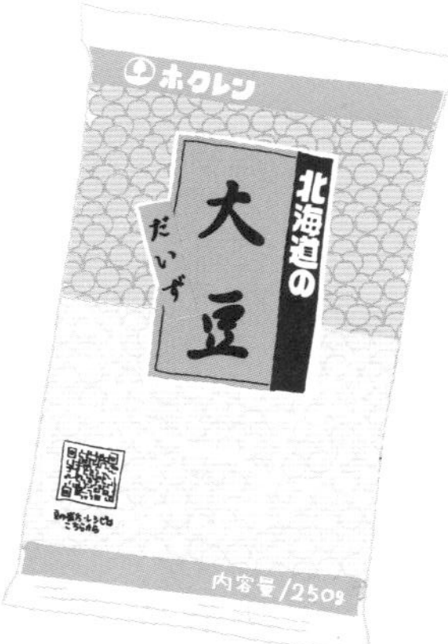

こちらも注目！**北海道の小豆**

小豆は水につけずにすぐに煮始めることができるので、お豆仕事初心者にもやさしい。お米に足りない栄養素が入っているので、一緒に炊けば栄養バランスアップ★

浸水がいらない

こちらも注目！**北海道の光黒大豆**

黒大豆はうまみがしっかり感じられるので子どもも大好き。塩ゆでして軽くつぶせばおやつにも♪

食物繊維もたっぷりぴかぴか豆です♪

手間いらずの時短アイテム

こちらも注目！**水溶き不要の片栗粉**

離乳食はとろみが命。でも水溶き片栗粉はちょっと手間が……。そんな毎日のお助けアイテム！ また肉や魚に薄くまぶして焼けば、うまみ閉じ込め＋とろみコーティングでなんともいい食感に(^^)/

詳しくはWEBで！

PikaPika Item 02

ぴかぴかアイテム

道南の北斗市で常にお米のおいしい食べ方を
追求しているまじめなお米屋さん。
おしゃれなパッケージは贈り物にもgood!

詳しくは
WEBで!

澤田米穀店

ふっくりんこJAPON かろやかパフ 白米

プレーン味や海鮮いわしは、
熱湯を加えるだけでおかゆに!
しょうゆやだし風味の味付けの離乳食には
海鮮いわしやプレーンを砕いて混ぜ、
北海道コーンやプレーン味はかぼちゃスープや
豆乳入りのものに砕いてのせる。
赤ちゃんもたのしくて、気づいたら完食♪
となるかもしれません。

うすーくあんこを
ぬっても◎

黒糖きなこ

海鮮いわし

プレーン味

北海道コーン

お米に
秘密あり!

こちらも注目! **有機玄米ポン菓子**

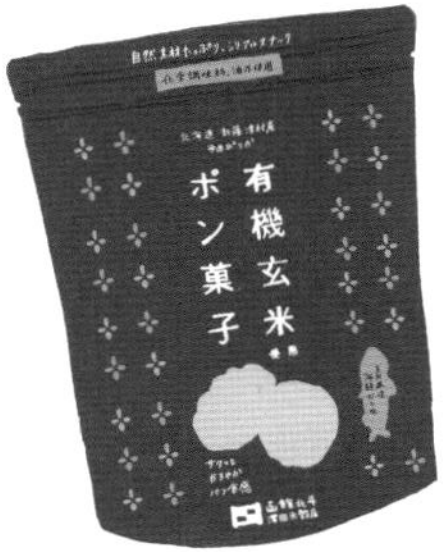

歯ごたえがあって、
あごの発達に◎。
プレーンのほか海鮮だし、
焼きとうもろこし味も。
特別栽培米などこだわりの
原料についてはWEBで!

ぴかぴかアイテム

PikaPika Item 03

食品流通の中核を担う国分北海道は、「缶つまJAPAN」や「ママズハーベスト」など道産素材を使ったオリジナル商品の開発にも力を入れています。

国分北海道

北海道産切り干し大根

食感がサイコー

今までこんな厚切りあったかなというくらいの厚み。
水で戻して、薄めためんつゆ+ごま油に漬けておくだけでOK。
細かく刻んでトマトソースパスタやカレーに入れても。

繊細な黒豆の風味

北海道十勝産黒豆茶 ティーバッグ

黒豆茶に「黒大豆の塩ゆで」(P72)を入れ、
一緒にいただくのがしあわせな時間(^^)/
濃いめに煮出して砂糖少々を加え、
寒天で固めればあんみつの寒天に♪

十勝産小豆100%のゆであずき

甘み控えめで、小豆のきれいな赤色と
粒の美しさをしっかり感じられる。
小鍋にゆであずきとココナッツミルクを
入れて煮て、薄切り餅やナッツを加えれば
アジアンスイーツに大変身♡

黒千石きなこ100%使用

北海道産黒千石きなこ甘酒

甘酒が苦手な人こそお試しを。
つめた〜く冷やして飲むと
特に最高なんです。
ポリフェノールとお豆のたんぱく質で
美容もパワーもチャージ☆

北のハイグレード食品S 2018受賞

詳しくはWEBで!

PikaPika Item 04
ぴかぴかアイテム

「農猿」は札幌近郊、南幌町の農家を中心にした若い世代が2016年に結成したチームです。合言葉は「農業は、こんなに愉しい」！

詳しくはWEBで！

農猿

ゆめぴり粉

ゆめぴりかを使用した最高級米粉。
自然な甘みを感じるので、
この米粉を使うときは
砂糖を控えめにしてもいいかも。
毎回ごはんを炊かなくても、
米粉を使った一品が
主食でもいいんですヨ♫

農猿の願いは「農業ってかっこいい！」と子どもたちに思ってもらうこと。離乳食専用米粉や米粉ドーナツなどのオリジナル加工品の開発にも力を注いでいます！

北海道産米粉使用！

こちらも注目！**ゆめぴりかホットケーキミックス**

南幌町産ゆめぴりか100％の米粉を使用。
グルテンフリーで栄養価も高い米粉の
ホットケーキをおうちで楽しめます。

こちらも注目！**ゆめぴりか米粉ドーナツ**

気鋭のパティシエ・沖浩二さん監修。
油で揚げていないのでおやつにピッタリ。
トースターで温めても。

お味は4種類！

ぴかぴかアイテム

PikaPika Item 05

石狩市で、雑穀をブレンドしたお弁当事業やケータリングオードブルなどを展開するショクラク。最近、力を入れているのが、いま話題の乾燥野菜です。

株式会社ショクラク

北海道お野菜のだしうまスープ

乾燥野菜（かぼちゃ、ごぼう、トマト、しいたけ、ねぎ、くずきり、大豆ミート）と顆粒だしがセットに。お湯を注ぐだけで旨味と栄養たっぷりのスープの出来上がり♪

長期保存もOK

パパッと水につけるだけ！
おいしい干し野菜も大人気！

スープがだしうま〜

小さくカットされているので食べやすい

こちらも注目！**じっくり、乾燥鍋。いしかり**

熊のパッケージを開くと、中には鮭とば！鮭とばを煮る鍋なんて、食べてみたいですよネ。栄養とうまみ満点の干し野菜のだしが体を調えてくれます。産後のママの体にもやさしいお助けスープ☆

詳しくはWEBで！

PikaPika Item 06

ぴかぴかアイテム

鹿児島県指宿市で鰹節工場を営む老舗「オリッジ」。「顆粒」ではなく原料をそのまま粉砕した「微粉末」、そして昆布はもちろん道南産！

詳しくはWEBで！

株式会社 オリッジ

イブシギンのしぜんだし

あれ、なんか今日たべないね……という日は、ひとつまみ加えてみて。
やっぱり旨味は離乳食に必須だわ👀と再認識させてくれたのがこのしぜんだしです。

こっそり教える☆使い方

バーベキューで
焼いたお肉や野菜に、
イブシギンと塩、
ブラックペッパーを♪

TKG《卵かけご飯》にも
ばさっと
イブシギン

とんかつでは、
小麦粉の代わりに
イブシギン＋片栗粉！

時間がたつと、よりなじんでおいしいので、お弁当にも◎

炊いたごはんに
イブシギン＋濃いめのごま油＋
白いりごまでおにぎりに♪

南と北のいいモノだけを粉末に！

乳酸菌L-137入りもあります

粉末ボトルタイプ

ぴかぴかアイテム
PikaPika Item 07

竹本油脂

マルホン胡麻油

秘密のポケットにこっそり入れて
おきたいお役立ちアイテム。
離乳食はもちろん、
ちょっと味変したいときにもおすすめです！

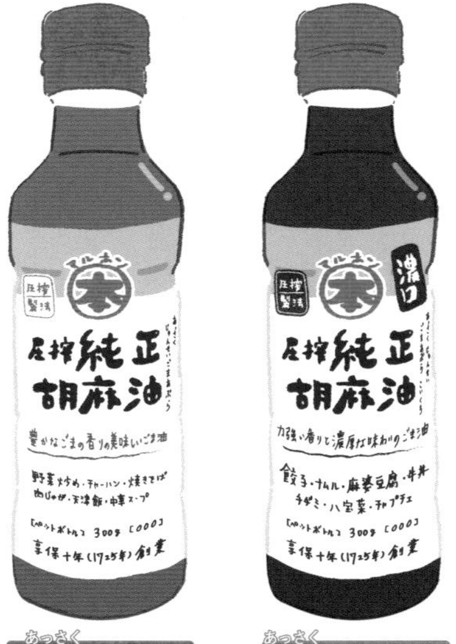

圧搾《あっさく》純正胡麻油　　圧搾《あっさく》純正胡麻油 濃口

太白《たいはく》胡麻油　　太香《たいこう》胡麻油

愛知県蒲郡市に本社を置く竹本油脂は江戸時代中期、享保10年（1725年）の創業。主力のごま油は昔ながらの圧搾製法を守る逸品です。

こっそり教える☆使い方

1 炊き込みごはんやまぜごはんに、ごま油と塩少々をかければ一気に別モノに★

2 バニラアイスに濃口ごま油を。高級中華店のデザート並みのおいしさです！

3 太白はごま油特有の香りがないので、どんな料理にも使えます。おすすめは揚げ物。油が傷みにくく、カラッと上手に揚がります。

詳しくはWEBで！

PikaPika Item 08

ぴかぴかアイテム

ダスキンといえば、言わずと知れたお掃除のプロ。一度使えば、その力に魅せられ、リピーター続出です！

詳しくはWEBで！

ダスキン

台所用スポンジ　抗菌タイプ

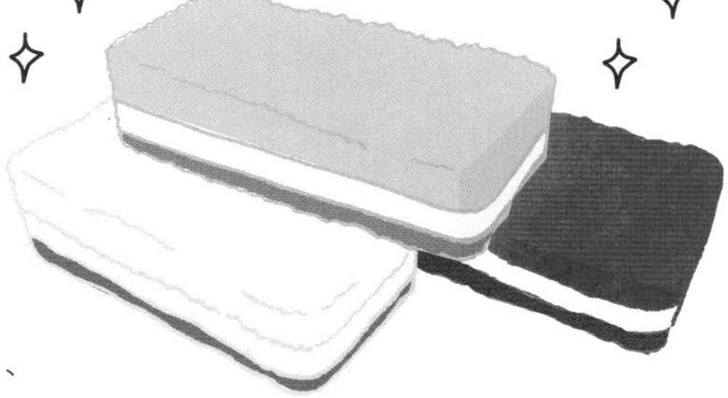

キッチンに立つパパママの強い味方。
柔らかいスポンジでガラスや陶器を優しく洗い、
硬い不織布はお鍋の焦げ付きにも。
しかも丈夫で長持ち。少しの洗剤でも泡立ちよく、
頑固な汚れにもへこたれないパワー！

たっぷりのみそ汁をテーブルにこぼした時も、これ1枚でごそっとふき取ってくれました。

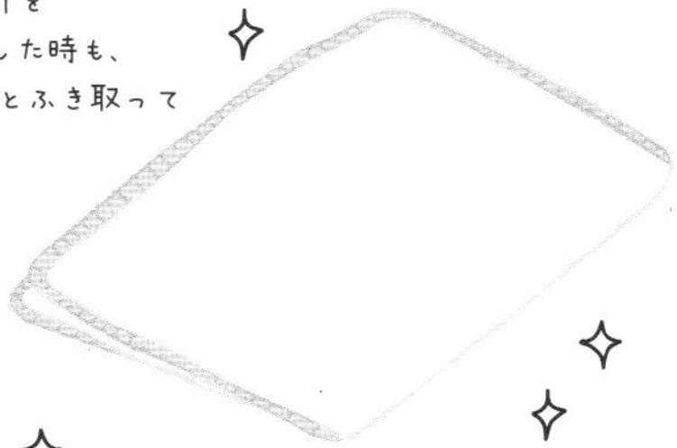

こちらも注目！**レンジまわりふきん**

レンジまわりだけじゃなく、
台ふきんにもおすすめ！
毛足が長いので、激しめの食べこぼしも
するんとからめとってくれるし、
水洗いでふきんの汚れをすっきり落とせます。
不思議な魅力を持ったふきんです。

まかせて安心！**メリーメイド**

仕事に家事に大忙しのパパママには
家事代行サービスもおすすめですヨ！

〔肉類・魚介類〕

〔卵・乳製品〕

〔麺類・穀類〕

〔缶詰〕

〔加工食品〕

さくいん 食材別索引

あとがき

前著『とりわけごはん』を出版してから3年あまりが経ちました。「かわいいので出産祝いにしました」などという声もいただき、ありがたく、うれしく思っています。息子たちも、私の仕事を理解できる年齢になり、本屋さんに行くたびに「ママのれぴしボン（レシピ本）、またあったね♡」と言ってくれたりしてホンワカさせてくれます。

運営していた子連れカフェは一旦クローズし、次の場所を探している時に、世の中はコロナ禍によって大変な状況に。「これは長くかかるかもしれない」と考え、後々の目標であった料理教室のアトリエを、緑あふれる北海道神宮から徒歩5分の場所に作りました。

毎日多くのママさんとお話できていたカフェの頃と比べると少し寂しい気持ちになったりもしましたが、そんなときは即座に北海道神宮へ走り、レシピ案を考えたりしていました。

今回の本のテーマの一つは「時短」です。2児の親である私自身がバタバタな日常なので、特急列車のように早くできて、ちょっぴり癒やされるようなレシピ本を作りたいと考えました。料理の完成写真は自宅やアトリエで自分で撮影しました。

ママが笑えないくらい本当に疲れた日でも、かすかに頭の片隅に残るあのレシピならできるかもしれない……と思ってもらえるようなものにしたい。時には家族に「あの小さいレシピ本の最初の方のは、パパでも作れるからやってみて」と頼めるようなもの。頭の真ん中にはいつも、産後間もないママの体に少しでも負担がかからないような楽ちんレシピを――との思いがありました。

離乳食は産後のママの体にもいいので、ぜひお子さんと一緒に食べてみてください。今しか見られない食べこぼしシーンも動画や写真に収めて、初めての「食の時間」を思い切り楽しんでくださいね☆

さいごに…

この本は、たくさんの応援と協力をいただきながら、自宅で穏やかな気持ちで、まさに「すいすい♪」作ることができました。
冷静にそばで見守ってくれたパパ、こうだい！さいた!!
てって、ばあちゃん、友人たち、PopSpoonスタッフ、食べて反応をしてくれた赤ちゃんたちとママさん♡
頼れる制作スタッフのみなさま!!
心より御礼を申し上げます。

熊谷しのぶ

著者略歴

熊谷《くまがい》 しのぶ

旭川市出身。マタニティフードアドバイザー・栄養士。ウェディングプランナー時代に、妊娠中の新婦の体と心の変化、食生活の悩みを聞くうちに、いのちを育む女性のための「食」を一生の仕事にしたいと決心し、社会人入学した大学で栄養士の免許を取得。その後、札幌でPop Spoon Caféをオープン（2018年閉店）。現在は料理教室のアトリエ「L' Atelier de Pop Spoon」（アトリエ・ドゥ・ポップスプーン）で離乳食ランチ会や子どものはじめての料理教室を開くなど、子育てに頑張るママと食卓を全力で応援している。札幌市在住、5歳と7歳の息子がいる。著書に『赤ちゃんもママもうれしい　とりわけごはん』（北海道新聞社）がある。

【Homepage】
https://pop-spoon.com

【Instagram】
@popspoon

編　集
仮屋志郎 / 北海道新聞社

編集協力・イラスト
悦永弘美 / 3596

撮影（カバー、P2、12、28、40、44、54、66）
大橋泰之 / マカロニ

撮影助手
溝口明日花 / マカロニ

撮影協力
株式会社やまもく

ヘアメイク
工藤麻椰

アシスタント
谷島里枝子　酒井桃子
磐亜由美　大中宏美

ブックデザイン
井上正規 / 井上デザイン組立室

すいすい離乳食

2021年9月30日　初版第1刷発行

著　者　熊谷しのぶ
発行者　菅原　淳
発行所　北海道新聞社
〒060-8711
札幌市中央区大通西3丁目6
出版センター
（編集）電話011-210-5742
（営業）電話011-210-5744

印　刷　中西印刷株式会社
製　本　岳総合製本所

乱丁・落丁本は出版センター（営業）にご連絡くだされればお取り換えいたします。

ISBN978-4-86721-039-0